Vida privada

Manuel García Morente

Ensayo sobre la vida privada

sequitur

sequitur [sic: *sékwitur*]:
Tercera persona del presente indicativo del verbo latino *sequor*:
procede, prosigue, resulta, sigue.
Inferencia que se deduce de las premisas:
secuencia conforme, movimiento acorde, dinámica en cauce.

Este ensayo apareció en
los números de enero y febrero de 1935
de la *Revista de Occidente*

ISBN: 978-84-129818-0-3
Depósito legal: M-6849-2025

Hecho en Madrid

Manuel García Morente
(Arjonilla, 1886 - Madrid, 1942)

Ensayo sobre la vida privada

En ningún tiempo de la historia humana ha sido la vida tan ruidosa como en el nuestro. Sin duda, siempre los hombres –salvo escasas y notables excepciones– han querido vivir. Pero hoy el afán de vivir, la voluntad de vida se pregonan y claman a todos los vientos. No es seguro que estas explosiones correspondan a una auténtica intensificación de la vitalidad. El que más dice no siempre es el que más quiere; y la plaza pública, el rumor de las masas, la trepidación de las actividades muy bien pueden ocultar una penuria de la vida auténtica; la cual no es ni embriaguez ni oleaje, ni mecánica repetición. En nuestros días la vida suena y truena como nunca. Inunda las calles, los palacios, las salas públicas, las reuniones, los desfiles. Ha abandonado el recato de la alcoba y la soledad de la biblioteca. Nuestro vivir de hoy es un vivir extravertido, lanzado fuera de sí mismo, al aire libre de la publicidad. Y paralelamente, como fenómeno de recíproca penetración, la publicidad, la exterioridad invaden nuestros más íntimos recintos personales por mil agujeros que a propósito hemos abierto en ellos. Dijérase que nos avergonzamos de estar solos o con pocos; o que nos sentimos acobardados ante la perspectiva de habérnoslas con nosotros mismos y ajustarnos nuestras propias cuentas. En suma, los modos de nuestra vida presente prefieren lo público a lo privado. Por eso son tan aparatosos y arrogantes. Pero así como la viga no empieza a crujir hasta que empieza a ceder, así también los tumultos de una vida pública excesiva y predominante son síntomas no de mayor, sino de menor intensidad y fuerza vitales. La vida del hombre es radical, esencialmente la de cada hombre, la de cada individuo, la de cada persona. Esta, empero, es la que justamente llamamos *vida privada*, para distinguirla de la *vida pública*, cuyas formas comunes y mostrencas, siendo de todos, no son en verdad de nadie y más propiamente constituyen la corteza, la secreción anquilosada, mecanizada, enajenada, del auténtico vivir, que es el íntimo e individual. Entre los dos polos de la masa gregaria y de la soledad personal, oscila la existencia humana. Sobre las formas colectivas de la vida descansamos, sostenidos por la base material de los usos, los gustos, las estimaciones, los pensamientos que, desprendidos de sus creadores, hállanse ya como solidificados y mecanizados cuando venimos al mundo. Pero de los íntimos senos de la persona es de donde brota toda renovación viviente. La especie se renueva por los individuos. En la soledad insobornable de cada cual es donde tiene su origen todo empuje y aliento, que transforma la faz de las cosas para cumplir el eterno destino del hombre: hacerse y deshacerse en la duración del tiempo, en la historia.

En este trabajo –que es un ensayo en el sentido más literal de la palabra– vamos a intentar una descripción de las formas fundamentales de la vida privada. No de esta o aquella vida privada –histórica–, sino de toda vida privada. Nos esforzamos por manifestar las estructuras en que la vida privada se realiza, los esquemas, por decirlo así, geométricos en que se vierte, las categorías con que se constituye. El tema está intacto. La empresa es, pues, arriesgada. Por eso decimos que debe considerarse como un simple ensayo. De la vida privada no se ha tratado nunca en general, sino siempre en particular. Los historiadores, los costumbristas, los novelistas, han descrito vidas privadas de ciertas épocas, de ciertos lugares o de ciertas personas particulares. Pero el objetivo que nosotros nos proponemos es bien distinto. Nosotros quisiéramos definir qué sea ese trato o relación que llamamos "privada", a diferencia de la que denominamos "pública"; quisiéramos también caracterizar algunas de las principales formas en que ese trato o relación privada se verifica; por último, quisiéramos bosquejar las consecuencias que para la vida culta pueda tener la temible invasión de lo público en las intimidades fertilizantes de la relación privada.

Consideremos esquemáticamente la relación o trato en que pueden estar dos seres humanos. Estos dos hombres pueden ser uno para el otro dos humanos "cualesquiera" o dos hombres determinados. Quiero decir que pueden "conocerse" o no conocerse. De aquí se derivan tres situaciones posibles. Primera: ninguno de los dos "conoce" al otro. Segunda: los dos "se conocen" uno al otro. Tercera: uno de los dos es conocido del otro, pero no conoce a este otro. Entiendo por "conocerse" simplemente lo que en el lenguaje más corriente se comprende bajo esta palabra. Conocer a un hombre es sencillamente saber *quién* es. Cuando yo sé quién es un hombre, éste ya no es para mí un "cualquiera", sino una persona determinada. Más adelante tendremos ocasión de precisar con mayor exactitud lo que contiene este término de conocer.

Consideremos el primer caso: la relación en que entran dos hombres cuando ninguno de los dos conoce al otro. Tenemos aquí el caso extremo, y por decirlo así, puro, de la relación pública. Estos hombres no pueden relacionarse más que sobre bases que, *a priori*, les sean comunes, es decir, que sean comunes a todos los hombres de su tiempo y lugar y, por lo tanto, no pertenezcan exclusivamente a nadie. Es la relación que mantenemos con los representantes de la autoridad: guardias, jueces, magistrados, funcionarios; es también la relación que mantenemos con los representantes de una profesión: tranviarios, chóferes, empleados, comerciantes, taquilleros, camareros, médicos, farmacéuticos; es, por último, la relación que mantenemos con los representantes de la pura humanidad, en la calle, cuando les dejamos paso o les pedimos cortésmente perdón por haberles tropezado. Ahora bien, ¿qué de estos hombres, en esta relación, entra en comunicación o trato? Evidentemente, la parte de nuestro ser que se comunica en el trato público es lo menos propio, lo menos peculiar, lo menos personal que hay en cada uno de nosotros. Cuando yo trato con un funcionario del Estado, yo ya no soy yo, sino un ciudadano cualquiera, y ese hombre no es ya Fulano o Zutano, sino pura y simplemente el Estado. O bien el comprador y el vendedor. O bien el camarero y el consumidor. Esto quiere decir que nuestra peculiar, inconfundible, única personalidad permanece oculta en la relación pública, siendo sustituida por un ser común, mostrenco, un concepto genérico, en el cual la individualidad real desaparece. En la relación pública no son dos vidas humanas reales las que entran en presencia y contacto, sino dos ejemplares cualesquiera de esas "especies" sociales, que son: el ciudadano, el funcionario, el profesional, etcétera. Las acciones y reacciones de la relación pública son, pues, mecánicas, externas; están, por decirlo así, prefijadas y definidas en la definición misma de esas especies sociales. Aquí pueden preverse los efectos, conocidas que sean las causas. Los que entran en este contacto público son a modo de "cosas", ya que en el trato público nuestra auténtica y propia personalidad queda oculta bajo esa capa exterior y mecánica de la definición colectiva.

La relación pública es, pues, esencialmente abstracta. No pone una frente a otra dos personas, sino dos conceptos. Por eso está tan minuciosamente regulada por la ley o la costumbre, o la comunidad de convicciones colectivas. Semejante regulación no sería posible si los dos términos de la relación fuesen dos individualidades vivas, es decir, libres. Porque entonces las reacciones brotarían del seno mismo de la personalidad, es decir, de algo que, por único e intransferible, no puede en su actuación ser previsto y prefijado.

La relación pública abstracta podría también llamarse convencional por esas mismas razones. Pero este término me es poco grato; hallo en él alusiones y resonancias que se refieren a un hipotético pacto o convención entre personas libres; y más bien es lo contrario, puesto que nuestra vida se encuentra ya en cada momento con un tejido de abstracciones colectivas en que se enquista y acomoda, justamente para mecanizarse en gran parte y salvaguardar tanto mejor lo poco o mucho que les reste de auténtico, propio y personal.

Mejor llamaríamos *anónima* la relación pública. Lo es, en efecto, puesto que en ella se enfrentan no dos personas, sino dos conceptos abstractos, no yo y tú, sino el ciudadano y el funcionario, el cliente y el profesional. El nombre, que aspira a simbolizar lo más propio y peculiar de la persona, no hace aquí al caso. Los que se relacionan en el trato público no son éste y aquél, sino dos especies como tales. No son Fulano ni Mengano. No son nadie. La relación pública es relación entre nadie; es, pues, abstracta, mecánica, anónima. Nuestras sociedades han inventado un símbolo muy profundo del tránsito entre la relación pública y la privada: la presentación. La presentación declara los nombres respectivos de las dos personas, que se ponen en presencia; y añade unas cuantas indicaciones encaminadas a abrir a cada una algunas, bien que ligeras, perspectivas sobre la personalidad real de la otra. Dos personas que han sido "presentadas" acaban de romper el anonimato. El trato entre ellas adopta desde este momento un carácter cualitativamente distinto. Algo de la intimidad de ambas penetra en sus vidas respectivas. Ya entre ellas existe algo peculiar, propio, único. Nos hallamos en el umbral, por decirlo así, de la relación privada.

El segundo caso de nuestro esquema general era el de dos personas que "se conocen" una a otra. En él se resumen y condensan todas las relaciones de vida privada. Ya no son dos abstracciones las que se hallan en presencia, sino dos vidas reales, dos individualidades inconfundibles, dos personas verdaderas. Por debajo de la costra que lo colectivo, lo social, lo profesional, lo político han criado en torno de la auténtica personalidad, despunta ahora algo al menos del yo íntimo, de lo que cada uno verdaderamente es, siente y quiere; algo al menos de la peculiar e intransferible vida. El símbolo de la presentación, la ruptura del anonimato, han levantado un pico de esa cubierta y vestidura común, con que públicamente vamos por el mundo; y por esa abertura podrá ahora ya deslizarse entre los "conocidos" un nuevo tipo de relación que ponga en verdadero contacto las dos personas vivientes. Tal es la relación privada.

La relación privada es, pues, por de pronto, lo contrario de la pública. Si ésta es abstracta y anónima, aquélla será concreta y nominal. Si ésta se funda en regulaciones objetivas, colectivas, de todos y de nadie, en conceptos genéricos de funciones, profesiones y propiedades universales, aquélla, en cambio, tendrá su base en un mutuo "conocerse", es decir, en una manifestación de lo interior y peculiar, de lo propio y único, de lo íntimo en suma. La forma más pura y perfecta de la relación privada sería, pues, la total compenetración de dos almas. Ahora bien, este extremo es radicalmente inaccesible. Las almas son en absoluto impenetrables. Así como dos cuerpos físicos no pueden ocupar un mismo lugar, así tampoco dos vidas, por mucho y muy sinceramente que se esfuercen en ello, pueden eliminar ese último residuo de dualidad, que irremediablemente separa al yo del tú. La vida es intransferible. Yo no puedo confiar a otro el encargo de tomar por mí las resoluciones que constituyen mi vida; pues aun cuando ello fuera por milagro factible, siempre seguiría siendo mía exclusivamente la solución de entregar mi vida a ese otro y también mía la tácita, pero imprescindible repetición constante de esta definitiva dejación.

El extremo, pues, de la relación privada, la total compenetración de dos vidas, constituye una forma inaccesible, irrealizable. Pero, como toda forma extrema, explica y patentiza el sentido de las formas medias. Y así, la vida privada se desenvuelve en infinitas gradaciones y matices que oscilan entre los dos polos de la absoluta publicidad –cuando la persona desaparece por completo bajo la vestidura social– y la absoluta soledad, en donde la persona vive íntegra y absolutamente su vida auténtica. Los grados diversos que entre esos dos polos se sitúan, estarán más o menos teñidos de carácter público o de matiz privado, según el volumen y densidad propios de cada vida personal. Hay almas tan tenues y diminutas, que sólo viven de las valoraciones colectivas y sociales aprendidas y recibidas de fuera. Son almas que aun en la soledad siguen alimentándose de puros lugares comunes y haciendo vida pública, incluso en lo más privado; son seres cuya existencia y pensamiento reproduce dócilmente los tipos y tópicos sociales vigentes en su mundo. Otras almas, en cambio, más profundas y originales, alientan auténticas en la intimidad y sienten lo común, lo anónimo y mostrenco como una traición a sí mismas, como una enajenación imperdonable. Cosa parecida sucede también con las distintas épocas históricas, de las cuales unas cultivan más la relación privada, íntima, peculiar, mientras que otras se agotan en la repetición colectiva de modos predominantemente públicos y comunes.

Quédanos todavía por examinar el tercer caso de nuestro esquema general, el caso de que uno de los dos sea "conocido" del otro, pero no conozca a este otro. Es el caso de la fama. El hombre que es conocido sin conocer a quienes le conocen, es el hombre famoso. Esta estructura, que podríamos calificar de conocimiento (o desconocimiento) sin reciprocidad, no cambia naturalmente, ni por la cuantía ni por la calidad de la fama. La fama puede ser mucha o poca. Se puede ser muy famoso, es decir, ser conocido por muchos a quienes no se conoce; o se puede ser poco famoso, cuando son pocos los que conocen sin ser recíprocamente conocidos. También puede la fama ser buena o mala. Pero mucha o poca, buena o mala, la fama consiste siempre en ese esquema del conocido que no conoce a quienes le conocen. La fama local es tan fama como la universal; y la mala fama no deja, por ser mala, de ser también fama.

Ahora bien, precisamente esa mezcla particular de relación pública y privada, que existe en este esquema, es la que explica algunas peculiaridades de la fama. Por de pronto, explica el doble sentimiento de atracción y repulsión, que provoca la idea de ser famoso. En efecto, la fama establece una relación bifurcada, doble, pero no recíproca, una relación pública para uno y privada para el otro. El

hombre famoso, puesto que no conoce a quienes le conocen, contempla a éstos desde el punto de vista de la relación pública, es decir, que no tiene en su vida la vida de
ellos; mientras que, por el contrario, ellos, que "conocen"
al hombre famoso y saben su nombre, su rostro, sus hábi-
tos y aun ciertas intimidades, tienen en su vida la vida de
él. Esto, empero, produce en el hombre famoso cierta exaltación gozosa, la de ver que su vida personal existe como
tal vida personal para otras vidas, las cuales, en cambio, no
existen como tales vidas personales para él. Mas, por otra
parte, esta gozosa exaltación tiene también su reverso. El
hombre famoso experimenta también un sentimiento de
dolor y más propiamente de azoramiento, al saberse famoso; porque ve su personalidad íntima *publicada* y, por
decirlo así, despersonalizada, transformada en algo
común de muchos, convertida en cosa pública. En efecto,
al entrar sin reciprocidad en las vidas anónimas, incógni-
tas, de los otros hombres, la vida del hombre famoso se
desprende, por decirlo así, del tronco de su yo íntimo y
corta toda relación de fluencia y continuidad fecundante
con la propia personalidad. Ahora bien, una vida que vaga
desasida de su raíz personal, una vida sin yo que la viva, no
es ya vida, sino cosa. La vida del hombre famoso deja en
cierto modo de ser *su* vida y se convierte en *una* vida; de
substantivo propio se transforma en substantivo común,
es decir, en cosa. Por estas razones se comprende el doble
sentimiento de atracción y de repulsión que la idea de ser

famoso ejerce sobre los hombres. Por un lado, la fama exalta al hombre famoso, que se siente *más* que los demás hombres, puesto que su vida experimenta una como dilatación al existir para otras muchas, que no existen para ella. Mas, por otro lado, la fama deprime al hombre famoso, por cuanto que le arrebata su vida, le priva de la propiedad privada de su vida y la convierte en puro objeto para los demás.

El hombre famoso se despersonaliza, pues, en hombre público –o mujer pública–. Hace el sacrificio de su yo. No es ni cosa, ni persona. La relación pública entre cosas (los hombres como simples cosas) no es, en la fama, unilateral y recíproca. Tampoco lo es la relación privada entre personas. Pues la pública se basa en el "no conocerse", que es conocer al hombre como si fuera cosa. La privada, en cambio, se basa en el "conocerse" dos personas, que es un conocerse esencialmente recíproco. Parece necesario someter a un análisis detenido esta modalidad del conocer, que llamamos "conocerse".

¿Qué es conocerse?

De los muchos equívocos que se esconden en el término: *conocer*, el de más bulto es quizá el que existe entre conocer una cosa y conocer a una persona. Para ambos casos empleamos la misma palabra: conocer. Pero los sentidos en ambos casos son tan diferentes, que a veces, en cierto modo, pueden llegar a ser antitéticos. A primera vista extrañará acaso que hablemos de equívoco entre el conocimiento de las cosas y el de las personas. Parece, en efecto, que su equiparación ha de ser llana y natural. Pues, en efecto, ¿qué es conocer? Sin duda, conocer, en su sentido más general, es saber lo que algo es. Y ¿qué diferencia puede existir entre saber lo que es una cosa y saber lo que es una persona?

Pero hagamos una primera reflexión, sencilla y gramatical, sobre esta última frase que hemos escrito. En puridad no puede formularse de esa manera. La expresión: "saber lo que es una persona" contiene, en realidad, una incorrección. Debiéramos haber dicho: "saber quién es una persona". Para las cosas podemos emplear el qué, pero para las personas debemos usar el quién. El relativo de cosa y el de persona están claramente distinguidos en las reglas del idioma; aunque acaso no tan netamente en el uso –lo cual obedece también a razones profundas–. Ahora bien, si accedemos a esta rectificación; si consentimos en formular nuestra definición diciendo que conocer a una persona es "saber quién es la persona", acométenos al punto una cierta desazón e inquietud. No estamos satisfechos. Porque comprendemos más o menos vagamente que "saber lo que es una persona" y "saber quién es una persona" no significan lo mismo. Yo puedo saber quién es una persona y no saber lo que es. Puedo saber su nombre y familia, su punto de origen, su residencia y, en cambio, no saber cuál sea su profesión, ni su carácter, ni sus costumbres, ni sus preferencias, ni su modo de reacción. Pero, por otra parte, puedo saber todo eso –o creer que lo sé– y no tener trato con esa persona, ni siquiera superficialmente. En este caso expresaré mi situación con respecto a ella diciendo: "sé quién es, pero no le conozco". En el caso del hombre famoso todos (o muchos) sabemos quién es, pero no le conocemos. En este giro conocer valdría tanto entonces como tratar, tener comercio. Mas como el trato con persona implica necesariamente reciprocidad, resultaría que en este giro peculiar, conocer significaría, en realidad, "conocerse" mutuamente. El conocimiento de la persona sería, pues, un conocimiento muy extraño que contendría no sólo el saber yo de esa persona, sino el saber esa persona de mí. En el conocimiento de la persona, el objeto conocido ha de ser también, por su parte, sujeto cognoscente. Lo cual, en cambio, no sucede en el conocimiento de la cosa, que permanece, por decirlo así, quieta y pasiva en la relación de conocimiento y no responde a mi conocimiento con el suyo. Diríamos, pues, con fórmula quizá sorprendente pero exacta: que la cosa agota su ser en el ser conocida, mientras que la persona contiene un último residuo activo que se revuelve hacia quien la conoce para por su parte y a su vez conocerle también.

O dicho de otro modo: La cosa es objeto y únicamente objeto, mientras que la persona no es nunca sólo objeto,

pues en el fondo de ella queda siempre un resto irreductible a la objetividad pura, un residuo que no puede ser
nunca puro objeto, sino siempre subjetividad. Y, en realidad, a quien aludimos con el nombre de persona es a ese
fondo de irreductible subjetividad. Pues persona llamamos precisamente a lo contrario de cosa, a lo que no es
cosa, a lo que no puede ser cosa, a lo que no puede ser
objeto. En este sentido estricto, la persona, por tanto, no
puede ser conocida, ya que no puede ser objeto. En puridad el conocimiento de la persona es radicalmente imposible.

Pero acaso se arguya que, en puridad, también el conocimiento de la cosa es radicalmente imposible; porque la
cosa también contiene siempre un último residuo que
elude nuestro conocimiento, un resto que no sabemos lo
que es, un perenne fondo incógnito y problemático; y que
precisamente los esfuerzos del conocimiento, de la ciencia,
se encaminan hacia la paulatina conquista de ese último
punto rebelde, de ese eterno problema.

Pero el residuo incógnito de las cosas no es por sí mismo
rebelde al conocimiento, sino que más bien lo aguarda y lo
reclama. La diferencia entre la cosa y la persona es radical
e irreductible. En nuestra relación cognoscitiva con la
cosa, partimos del supuesto fundamental de que lo que
varía, lo que cambia, lo que progresa acaso y aumenta no
es la cosa misma, sino nuestro conocimiento de ella.
Nosotros podemos saber de la cosa mucho o poco; pero lo

que en la cosa resta por saber está ahí, está en ella aguardando a que llegue quien lo descubra. En cambio en nuestro trato o "conocimiento" con una persona, ese residuo último no se nos aparece como algo quieto y dispuesto para ser descubierto, sino más bien como una absoluta originalidad de acción y creación, como una fuente prístina de donde manará no se sabe qué. La cosa está toda entera ante nosotros; de nosotros depende el conocerla más o menos. Pero la persona que se halla ante nosotros está viviendo, es decir, actuando, haciendo algo. Y ese algo que la persona está haciendo es nada menos que sí misma; está haciendo su propio ser. La cosa tiene su ser de una vez para siempre; lo que es, lo es hoy, mañana, en todo tiempo. Pero la persona no es, sino que vive; no tiene un ser fijo, constante, definible, igual en todo tiempo; el ser de la persona es un puro proyecto y además modificable siempre, un programa que se realiza en el tiempo y que, al mismo tiempo que se realiza, se proyecta; como un actor que fuera él mismo componiendo su papel al mismo tiempo que lo va ejecutando. Si nos acontece hallar en una cosa una conducta inesperada, ello no nos inducirá a suponer que el ser de la cosa sea mudable, diverso en momentos diversos, inestable y advenedizo; sino que pensaremos que nuestro conocimiento de la cosa es incompleto, manco e insuficiente. La cosa se convierte entonces para nosotros en problema; es decir, que de nuevo nos planteamos la cuestión de su esencia y nos preguntamos lo que es. Pero no dudamos de que tiene ya ese ser y esa esencia que buscamos. No dudamos de que en todo tiempo, en el pasado como en el presente y en el futuro, la cosa posee una misma y única naturaleza; más o menos integralmente conocida y cognoscible, pero estable, firme y fija. Por el contrario, la persona nace, se hace y muere; su ser no es, sino que se crea, al vivir y viviendo. El ser de la persona no está ahí puesto, esperando a que un sujeto cognoscente le conozca, sino que se hace con lo que en cada momento el hombre viviente se propone ser y hacer de su vida.

En suma, las cosas tienen naturaleza, son naturaleza. Las personas, en cambio, son libertad pura. Vivir es hacer; es tratar con las cosas y con los demás hombres; es andar, correr, comer, beber; es también desear, querer, apetecer; es pensar y averiguar lo que son las cosas, para hacer con ellas nuestra vida; es construir y derribar; es mandar y obedecer; es acometer empresas; es instituir Estados; es sufrir, gozar, organizar el deleite y el dolor, desde los más toscos y primitivos modos hasta los más refinados y complejos. Y toda esta actividad constante, en la cual la persona humana va creándose su ser ausente y descubriéndose a sí misma en la ejecución, viene impelida por un primario resorte que, en última instancia, no es sino libertad creadora, lo contrario de la naturaleza, lo más opuesto a la objetividad.

Por otra parte, entre la cosa y la persona hay esta otra diferencia esencial: que la cosa es puro elemento del mundo, puro objeto, mientras que la persona es siempre además sujeto; es un yo para quien existe un mundo. En la relación que yo mantengo con las cosas, éstas están en mi mundo, existen para mi, pero yo no existo para ellas; la conducta de las cosas es la que tiene que ser por su naturaleza y esencia, esté yo en relación o no con ellas. En cambio, en el trato que yo mantengo con las personas, éstas están en mi mundo y existen para mi, como si fueran cosas; pero, además, yo existo para ellas, estoy en el mundo de ellas. Ese existir yo para ellas, ese estar yo en el mundo de ellas, como ellas están en el mío, hace que la relación de mi yo con personas se diferencie totalmente de la relación de mi yo con cosas. La relación entre cosas o entre persona y cosa acontecen con elementos de un mismo mundo, de mi mundo. Pero una relación entre dos personas no es relación entre partes dentro de un mismo mundo, sino relación entre dos mundos. Cada persona, puesto que es radicalmente sujeto, tiene su mundo; es un mundo. Y al entrar en relación dos personas, son realmente dos mundos los que entran en relación; y yo no puedo adoptar cuando me relaciono con otra persona la misma actitud que cuando me relaciono con una cosa de mi mundo. Conocer una cosa de mi mundo es saber lo que es, saber su esencia y poderla manejar y tratar a sabiendas, puesto que esa esencia sabida es constante, inalterable, invariable, fija. Pero en mi relación con una persona, existe una incógnita radicalmente indespejable, a saber: que esa persona constituye un mundo, es decir, una totalidad original, única. Cuando en mi mundo se ha introducido el otro mundo de esa persona, necesariamente ha tenido que acontecer que mi mundo, a su vez, se introduzca en el de esa persona. Y ni ella podrá nunca "conocer" las variaciones que en mi mundo haya producido su llegada; ni yo podré nunca "conocer" las variaciones que en su mundo haya producido mi llegada. Esto justamente es lo que expresábamos diciendo que así como la persona con quien me relaciono existe para mí, también yo existo para la persona con quien trato. Lo cual, empero no acontece en mi relación con las cosas; ni menos en la relación entre las cosas.

Por eso decíamos también que el conocimiento de las cosas es "descubrimiento" de su esencia, de una esencia que es lo que es en todo tiempo. En cambio, no puede haber, en realidad, conocimiento de las personas, puesto que las personas son pura subjetividad, mundos totales que, al entrar en mi mundo, se alteran esencialmente, y cuyo ser va siendo y va creándose al hilo del tiempo en el vivir activo y fecundo.

¿En qué sentido podremos, pues, emplear con justeza la expresión de conocer a una persona? Esta expresión no será justa y legítima más que en uno de estos dos casos: o dándonos clara cuenta de que alteramos el sentido auténtico de la palabra persona, o dándonos clara cuenta de que alteramos el sentido auténtico de la palabra conocer. Veamos uno y otro caso.

Podremos tolerar la expresión de conocer a una persona, si queda bien convenido que por persona entendemos no el último residuo inaprensible de la pura subjetividad creadora, sino la costra exterior de formas fijas, de conductas estereotipadas, de cosas naturales, en suma (biológicas y sociales), que envuelven la auténtica persona libre. Entonces conocer a una persona es lo mismo que conocer una cosa; es, en realidad, conocer lo que la persona tiene de cosa; es conocer la persona convertida en cosa. Y, en efecto, la persona tiene por fuera mucho de cosa natural, tiene un cuerpo con una anatomía y una fisiología perfectamente cognoscibles; tiene un alma con unos fenómenos psíquicos también cognoscibles; tiene una estructura o mentalidad colectiva que igualmente puede conocerse, porque repite la de todos los hombres de una época y de un lugar; tiene, en fin, una profesión o función social con unos modos de conducta y de reacción prefijados en leyes, costumbres, usos y maneras. De suerte que armado yo de esos conocimientos acerca del cuerpo, del alma, de la mentalidad y de la función de una persona, puedo llegarme a ella, y lo mismo que manejo una cosa conocida –el vapor, la luz, la electricidad– manejar y tratar esa persona con la seguridad de obtener la reacción esperada.

Yo sé que, de diez a una, un hombre detrás de una ventanilla dará automáticamente tales o cuales reacciones previstas a tales o cuales acciones mías conocidas también. Yo sé que en determinadas condiciones, las personas de determinada época y lugar responden de tal o cual modo a tales o cuales estímulos. El trato general entre humanos se basa todo él en esta clase de conocimientos de lo que en las personas hay de objetivo y despersonalizado o convertido en cosa. La relación que hemos llamado pública se basa en estas convicciones generales de que las reacciones humanas obedecen, como cosas o dispositivos mecánicos, a leyes físicas, genéricas, invariables. Si, pues, por conocer a una persona se entiende conocer lo que en la persona hay de objetivo, es decir, de cosa accesible al conocimiento –anatomía, fisiología, psicología, sociología, profesión, etc.– no existe inconveniente alguno en admitir este uso de la expresión. Pero quedará bien entendido que esa costra de cosas y funciones mecanizadas no es la persona misma, sino la envoltura "natural" y "social" en que la auténtica personalidad vive. Yo bien sé que un gran número de personas son bien poco personas, en el verdadero sentido de la palabra. Bien sé que en muchas personas el elemento externo, lo común de muchos, lo tópico, lo social, las convicciones y reacciones mostrencas, predominan hasta el punto de reducir a la nada, o casi, la savia de la verdadera personalidad. Por eso una persona es tanto más fácil de conocer cuanto menos persona es. Y por eso también el trato y relación pública, el que relaciona entre sí la parte no personal de las personas, es el tipo más frecuente de trato y relación.

Pero junto a este sentido de la expresión: conocer a una persona, es también posible otro, en el cual la alteración del significado propio recaiga sobre la voz conocer. Si convenimos en emplear el verbo conocer en un sentido distinto del que tiene cuando lo aplicamos a las cosas, entonces será también admisible el hablar de conocer a una persona. Pero ¿qué sentido puede darse a la palabra conocer que no sea el de saber lo que algo es, la esencia de algo? Retrocedamos al punto de nuestra exposición en que advertíamos que conocer a una persona vale tanto como tratarla y, por consiguiente, implica mutualidad de comercio y significa más bien "conocerse". Este mutuo conocimiento y trato es el que puede conferir a la expresión "conocer a una persona" un sentido admisible y hasta plausible. Pero entonces conocer a una persona no significaría ya saber qué cosa es esa persona, su anatomía, fisiología, psicología, mentalidad, profesión, función, etc., sino qué persona hay realmente tras esas cosas. Ahora bien, es imposible conocer (en el sentido de saber la esencia) a la verdadera persona. Ese trato o comercio mutuo que designamos con el término de "conocerse" no será, pues, ciencia, conocimiento, saber. No será relación cognoscitiva, sino más bien intuitiva, directa, viviente. Por eso justamente el "conocerse" es trato y comercio y no definición por conceptos. La persona, el último fondo intransferible de cada vida, es estrictamente individual. No puede ser conocido; no puede ser reducido a conceptos. Sólo puede ser intuido, penetrado por acto directo, por contacto inmediato de vida a vida. En las cosas, la individualidad es un accidente; el ser de las cosas es, como ya hemos dicho, un ser fijo, estable, idéntico a sí mismo en todo tiempo; la cosa individual es individual en función de sus relaciones regulares con otras cosas. La individualidad de la cosa es, pues, un producto, una resultante de lo que acontece entre las cosas; pero no es el seno que produce o, mejor, crea el acontecer mismo. Pero la individualidad de la persona es justamente lo contrario; es sujeto único, es aquello *para quien* existe un mundo, su mundo; es, pues, lo que crea y produce el acontecer de su vida; es lo que hace la vida, y haciéndola, se hace a sí mismo. Conocer la individualidad personal viviente como se conocen las cosas, esto es, reduciéndola a conceptos genéricos, sería tanto como destruirla, aniquilarla, desindividualizarla. Por eso, el único modo le llegar más o menos a ella, es entrar en ella. Y para entrar en ella no hay otra manera que vivir con ella. Así, pues, el modo de esa intuición que pone en relación dos personas es el mutuo trato o comercio, es la compenetración, la convivencia, la simpatía, la compasión. Pueden usarse aquí cualesquiera palabras que aludan a esa intercomunicación de las almas, en la cual un tú (no una cosa) existe para un yo viviente. Cualquiera de esos vocablos, si vertemos en él la vivencia de intuición directa, expresará suficientemente lo que es ese "conocerse", en qué consiste el trato o relación privada *.

* Sería interesante -curioso al menos- investigar si cabe y en qué sentido, distinguir en las relaciones que mantenemos con las cosas dos formas correspondientes y semejantes a las que hemos llamado pública y privada. En realidad, nuestras relaciones con las cosas son todas de un mismo tipo, puesto que la cosa es siempre íntegramente cosa, naturaleza, y no como el hombre, una mezcla de cosa y persona, de objeto y sujeto, de naturaleza y libertad. Sin embargo, metafóricamente cabría distinguir en nuestro trato con las cosas dos formas: el trato con las cosas que conocemos y el trato con las cosas que no conocemos. El primero, que llamaríamos la técnica, opera sobre cosas conocidas y podría por ello compararse con la relación pública. El segundo, que será más bien la investigación científica, pone al hombre no frente a cosas propiamente, sino frente a problemas, a interrogaciones, y, por de pronto, es un simple deseo o afán de saber lo que sean las cosas. Podría compararse acaso con la relación privada. No sólo porque el sentimiento de lo problemático supone, en el sujeto una fuerte dosis de libre personalidad, sino también porque descubrir en las cosas problemas es prescindir en ellas de lo ya sabido, y reanudar con ellas una relación prístina, de carácter único y quasi personal. También podría compararse con la relación privada la que mantenemos con objetos teñidos de afecto y veneración personales; en este caso, la cosa pierde en cierto modo su carácter genérico o específico, y acentuando su individualidad propia se convierte también en quasi persona. Otro tanto -más fácilmente aún- puede ocurrir con animales. La relación artística con las cosas es de otro tipo, que no podemos analizar aquí, aunque también guarda cierta semejanza con la relación privada.

El trato o comercio entre personas, ese "conocerse" que constituye el contenido de la relación privada, procederá en su advenimiento por el doble proceso de la selección y la penetración. El tránsito de la relación pública a la privada supone, en efecto, una selección entre las múltiples personas con quienes puede verificarse la mutua convivencia. Pero supone además una progresiva penetración o, mejor dicho, compenetración de los dos que conviven. Existen, pues, grados y planos de profundidad en la vida privada. Intentaremos describirlos.

Partamos de la vida pública. Esta se dilata sobre un plano de dimensiones máximas, indefinidas, iguales al mundo mismo. En efecto, puesto que en la relación pública el hombre no es persona, sino cosa, concepto genérico de funciones o profesiones, es claro que dicha relación comprende el ámbito total del mundo. La individualidad no cuenta aquí. Todo hombre, cualquier hombre, forma en el nexo de la relación pública, que se verifica, por lo tanto, sobre el plano más amplio de la vida y ocupa toda la extensión que puede contenerse en el horizonte vital de cada uno.

Dentro de esa máxima extensión, que ocupa el plano de la vida pública, tiene que sobrevenir un recorte, una selección para que empiece a poder haber vida privada. Con esa primera selección se inicia, pues, la vida privada. El momento inicial de la vida privada consiste en señalar entre todos los hombres presentes algunos, con los cuales nos hallamos más dispuestos o gustosos de emprender una relación de convivencia, de mutuo trato, de recíproco "conocimiento". Existe, pues, en el umbral de la vida privada un elemento estimativo, una preferencia. ¿Motivos de esa predilección? No pueden reducirse a sistema. Aquí juegan su libre juego las atracciones y repulsiones espontáneas, las afinidades electivas. A lo sumo puede suponerse una cierta intuición de similitud entre el que prefiere y el preferido. Pero estos primeros iniciales ensayos de relación no son definitivos. En general, el acceso a la relación privada no es nunca definitivo. Por muy dentro que se haya penetrado en la convivencia privada, siempre es posible la expulsión, la ruptura de relaciones y la vuelta de las dos partes a la vida y relación meramente públicas. Pero sobre todo, en este primer plano de la vida privada, en esta región casi todavía pública, en donde se verifican los tanteos, los ensayos, las pruebas, por decirlo así, de admisión a la intimidad, son frecuentes las falsas entradas, seguidas de precipitadas repulsiones, que devuelven a la relación pública a quienes indebidamente habían penetrado en la privada.

Este primer plano de la vida privada, que linda todavía con el de la pública, no tiene, claro está, la extensión máxima del ámbito público. Pero es lo suficientemente vasto todavía para que la entrada y salida de los elementos personales se haga con facilidad y abundancia. En este plano podemos, sin grave riesgo, devolver al ámbito público una

relación que empiece a hacerse desagradablemente privada. Podemos, por el contrario, también sin grave riesgo,
iniciar prudentemente la convivencia privada –a modo de
tanteo y ensayo– con algunos que venían estando con
nosotros en mera relación de trato público. Ahora bien,
hay un caso posible y con frecuencia real, que plantea difí-
ciles y graves problemas sociológicos y aun históricos. Es
el caso de que el horizonte vital de una persona sea tan
reducido que prácticamente se establezca por fuerza una
convivencia privada con *todos* los demás hombres existen-
tes en su vida y que, en suma, para él el ámbito de lo público coincida con el ámbito de lo privado. Es el caso de la
vida local; es el localismo. Aquí, en realidad, la distinción
entre vida pública y vida privada no se verifica. Toda la
vida es a la vez pública y privada. Mas no en confusión,
sino en irrupción. Quiero decir: que no es que las dos
vidas, la pública y la privada, se fundan armoniosamente
en una sola vida idílica o paradisíaca, de edad de oro, sino
que las dos se entremezclan, irrumpen la una en la otra, a
veces violentamente y siempre de modo que esas irrupcio-
nes menoscaban más o menos la pureza de los tratos, tanto
públicos como privados. Las abstracciones –las cosas– de
la vida pública se llenan con personas muy concretas e
individuales y por ello se falsean en su esencia. Recí-pro-
camente las individualidades personales sostienen el peso
de las abstracciones colectivas, sociales, con menoscabo de
su pura singularidad personal. Por eso es tan frecuente en

la vida local que los actos públicos tengan motivos privados –personales– y queden así maculados con el estigma
de la injusticia, la iniquidad y aún la ilegalidad. O que los
actos privados sean movidos por consideraciones de
carácter público, abstracto, social y empañen o anulen
relaciones de intimidad privada a veces exquisita. El alcal-
de de un pueblecito difícilmente verá en un vecino al vecino puro, al concepto puro de vecino, sino que llenará ese
concepto con la individualidad concreta de un amigo
simpático o de un enemigo antipático. E inversamente,
sobre la pura relación íntima y personal que pudiera anu-
darse entre dos personas de una misma localidad exigua,
gravitan, a veces con trágica pesadumbre, cargas de tipo
colectivo, externo, social, de clase, de familia o de partido.
Capuletos y Montescos aniquilan el amor de Romeo y
Julieta.

Esta coincidencia de los planos público y privado en la
vida local asume, a veces, también formas históricas. La
vida primitiva es predominantemente local. La dificultad
de discernir en ella claramente lo público de lo privado
produce consecuencias importantes. Así, las variaciones
en el tamaño del horizonte vital pueden explicar muchas
veces las variaciones de estructura social y política en los
grupos humanos. En la antigua Ciudad-Estado el localismo, con su confusión de lo público y lo privado, produjo
consecuencias de valor histórico considerable; y la disolu-
ción de esa forma política se debió, en no pequeña parte, a

la amplificación del horizonte vital, que favoreció la distinción entre lo público y lo privado. También en la Edad Media el localismo de la vida acarreó importantes consecuencias; la confusión entre lo público y lo privado llegó a términos tales como el feudalismo, que es, en su esencia, la forma política manifestativa de esa confusión. Y precisamente el feudalismo empieza a disolverse cuando el horizonte vital empieza a dilatarse y permite ya discernir con mayor precisión entre las relaciones públicas y las privadas.

El primer plano de la vida privada es, pues, ese de los ensayos y tanteos. En esta región intermedia entre el trato netamente público y el trato francamente privado, verifícase el tránsito hacia ese mutuo "conocerse" en que consiste la relación privada. Mas como ese tránsito es expuesto y peligroso, la sociedad humana lo ha envuelto en formas y fórmulas encaminadas, por una parte, a facilitarlo, a hacerlo posible, y por otra parte, a dificultarlo para que, si se realiza, se realice con las máximas garantías de autenticidad. La primera de esas fórmulas introductivas es la presentación, cuya finalidad consiste en hacer posible una iniciación del trato privado. Para ello, la presentación empieza por romper el anonimato. Decláranse los nombres, con lo cual, en cierto modo, se abre un acceso a la personalidad singular y se practica una brecha en el cerco de abstracciones generales que envuelven la intransferible intimidad. A la ruptura del anonimato añádense acaso algunas indicaciones personales que orientan la posible relación de mutuo "conocimiento". La presentación es, pues, una como opción al trato privado. Pero no lo verifica, no lo inicia realmente, sino que se limita a crear la posibilidad de que en efecto llegue a realizarse, abandonando la efectividad del comercio privado a la ulterior voluntad de los presentados. La presentación no autoriza por sí sola a mayores intimidades, las cuales tienen, por decirlo así, que irse conquistando en paulatina y siempre revocable entrega.

Para acentuar ese carácter a la vez de portillo abierto y de valladar difícilmente franqueable, sobrevienen después de la presentación cierto número de convenciones o ritos sociales que, por un lado, encubren la persona, eludiendo el trato, y, por otro lado, facilitan la progresiva compenetración. La cortesía es el nombre con que designamos buen número de esos ritos o convenciones. Entre los usos de la cortesía merece especial atención el saludo. El saludo es propiamente un signo, mediante el cual, las personas presentadas, es decir, en potencia de trato privado, se recuerdan unas a otras y se reiteran su favorable disposición a continuar o intensificar el trato. Negar el saludo significa, pues, reintegrar en la mera relación pública a la persona con quien se tuvo un amago de trato privado. Pero conceder el saludo no significa tampoco, por otra parte, practicar ya el trato privado. Significa tan sólo estar dispuesto a practicarlo en la cuantía e intensidad, poca o mucha, con que se venga practicando. Es, pues, por un lado, una facilidad para la continuación e intensificación del trato; pero, por otro lado, es una reserva y contención, tras de la cual podrá venir o no venir esa continuación e intensificación posibilitada.

Después del saludo tiene también especial importancia la visita. Esta ya es francamente trato, relación de convivencia mutua. Pero mil matices variados confieren a la visita una significación característica en el proceso de la mayor o menor intensidad del trato. La visita "de cumplido" significa netamente el consentimiento a seguir practicando la relación privada; pero, por otra parte, significa también la resolución de no conceder al mutuo trato más de lo que se le ha concedido hasta ahora. Aquí encontramos también ese doble aspecto y sentido de todas las convenciones corteses, el de facilitar y, al mismo tiempo, dificultar la relación: encubrimiento y descubrimiento a la vez de la intimidad personal.

Así las convenciones de la cortesía permiten variar de múltiples maneras la proporción personal de entrega y de reserva, que ponemos en cada una de nuestras relaciones privadas. El proceso de intensificación camina, empero, paralelamente al proceso de selección. Conforme vamos penetrando en regiones más profundas de intimidad, va siendo menor el número de las personas que tienen acceso a esas regiones. Y esas personas, cada vez menos numerosas, cada vez más escrupulosamente seleccionadas, que acceden a los más íntimos planos de nuestra vida, van prescindiendo también cada vez más de los usos, modos y convenciones de la cortesía habitual. De suerte que cuanto más se va afianzando y ahondando la relación privada, menos necesarias son ya esas fórmulas de cautela y reserva, que a la vez abren y cierran los accesos de la vida privada. De las obligaciones que la cortesía impone están exentos los amigos íntimos. En efecto, las fórmulas sociales ya no tienen sentido para ellos. La finalidad de esas fórmulas, es, como hemos visto, regular, como válvula de seguridad, el ejercicio de los esfuerzos encaminados al trato íntimo. Pero el amigo, el que ya ha llegado al trato de máxima confianza, al "conocimiento" mutuo más profundo, no necesita de tales ritos corteses. Más bien la práctica minuciosa de alguno de ellos demostraría cierto deseo de reserva y de contención, que retraería la relación privada a una fase anterior de menos intimidad y confianza.

Las convenciones sociales de la cortesía desaparecen, pues, cuando el trato privado ha llegado a las mayores profundidades. Pero al mismo tiempo este plano más profundo de la vida privada es también el más reducido. La selección sucesiva y continuada ha llegado a su término. Muy pocos son los que ocupan ese ámbito, ahora ya minúsculo, de la auténtica intimidad. Y si prolongamos el proceso de reducción y de intensificación, llegaremos al extremo más hondo de la vida privada, que es la soledad, el trato de la persona consigo misma. Así el conjunto de la vida privada puede compararse con un cono, en donde la superficie de la base está todavía en contacto con el mundo de las relaciones públicas; pero a medida que los planos van acercándose al vértice y alejándose de la publicidad, van reduciéndose asimismo de extensión, hasta que. llegada al vértice, la vida privada se condensa y concentra en un punto, en la soledad del yo viviente, a la que nadie más que yo mismo puede tener verdadero acceso.

Pero paralelamente a este proceso de reducción del ámbito privado, desenvuélvese un proceso de intensificación. Mejor todavía lo llamaríamos de autentificación. Porque cuando más privada es nuestra vida, más auténtica y verdadera es; más nuestra, más propia, inconfundible y única. En las relaciones públicas damos lo que tenemos de común con muchos o con todos. Pero a medida que se va reduciendo el plano, a medida que la selección de la personas va siendo más rigurosa y apretada, nuestra auténtica personalidad actúa con más fuerza y mayor libertad. Al amigo, al amante se da la persona en lo más peculiar de ella. Y en el trato solitario consigo mismo es donde el hombre llega a la forma más completa y perfecta de vida privada; porque en ese trato es donde se manifiesta la persona con máxima verdad y libertad. Por eso es tan fecunda la soledad del hombre. Pero también se comprende claramente que la capacidad para el ejercicio de la vida privada, para la amistad, el amor y la soledad, no sea en todos los hombres la misma. Depende de la cuantía en que cada cual es persona. La vida privada requiere para ser vivida ese fondo de insobornable personalidad Muchos hombres carecen de él; éstos carecen entonces de auténtica vida privada. Muchos hombres son por completo o casi por completo producto de las influencias sociales ambientes y construyen su ser con las aportaciones que de lo exterior y colectivo les llegan. Tienen un alma formada de puras abstracciones y su personalidad se reduce a poco más que nada. Son los hombres de tipo medio, vulgar y mostrenco; hombres que aceptan automática y pasivamente cualquier relación, porque para ellos toda relación es, en el fondo, pública, y se basa en mero intercambio de cosas, funciones y servicios; hombres que carecen de soledad y huyen de la soledad, porque al hallarse solos perciben algo así como el vacío de su ser, que está compuesto exclusivamente de tópicos comunes; hombres que repelen toda originalidad, toda frescura prística de pensamiento y de acción; hombres gregarios, de masa, que repiten como autómatas lo aprendido y que, tras el caudal de formas abstractas recibidas, no alimentan ninguna ilusión personal, ninguna convicción verdaderamente propia, ninguna valoración y preferencia criada en el seno de su vida personal.

Sin duda en todo ser humano tiene que existir un copioso caudal de formas aprendidas, que en cada caso reaccionan automáticamente del modo sólito y debido. En todo hombre hay una gran parte de "naturaleza" –somática, fisiológica, psicológica, social, moral, intelectual–. Una buena porción de lo que sentimos, queremos, pensamos, está en nosotros sin ser nosotros mismos; constituye nuestra naturaleza, nuestro ser histórico; es indispensable balsa sobre la cual nos sostenemos en la vida. Porque precisamente la vida colectiva del hombre en el planeta es un continuo esfuerzo por fijar, en estructuras mecánicas, sociales, ciertas reacciones que empezaron siendo invenciones libres de algunos y fueron luego convirtiéndose en bien de muchos y al fin de todos. Cultura colectiva llamamos precisamente a este proceso de mecanización de la vida, a esa *cosificación* del fluido viviente y creador. Pero si es cierto que siempre y en todo caso una gran parte de nuestra vida no es nuestra, también lo es que el manantial de toda renovación y cambio, el propulsor de la vida es ese fondo de ilusiones y apetitos personales que nos impele a soñar modos completamente nuevos de ser y de vivir. Cada generación quiere vivir su vida; pero recibe y aprende primero la vida, el tipo de vida que la generación anterior le haya legado. Sobre esa base, que como herencia del pasado, constituye el sólido fundamento natural y social de su existencia, ensaya luego sus peculiares modos y quereres y dispara su nueva voluntad, cambiando en parte lo heredado y creándose de esa suerte un mundo suyo, no vivido antes por nadie. Lo que para nuestros antecesores en la historia fue proyecto, programa, por cuya realización lucharon, es para nosotros la realidad con que nos hemos tropezado al venir al mundo. Y sobre ella, asentando firmemente las plantas en su solidez, tenemos que erguir y levantar nuestra propia vida, construirnos el ser que no somos, pero queremos ser. En toda vida hay, pues, negación parcial del mundo histórico recibido, colectivo, social, vigente y afirmación ilusionada de un nuevo proyecto. Y el hombre que sabe escuchar en su alma la voz veraz de su ilusión viviente; el que no consiente en dejarse sobornar por el halago de las comodidades perezosas, con que la vida ya hecha le envuelve; el que prefiere atender a una vocación histórica imperiosa, ese hombre es precisamente el que posee una personalidad auténtica en el pleno sentido de la palabra. Para ser persona no hace falta ser un genio, ni mucho menos. Basta con querer ser lo que realmente se es, sin dejarse sobornar por lo que "se" dice, "se" piensa, "se" siente, "se" cree; basta con resolverse enérgicamente a aquilatar en la intimidad del yo las mercancías que circulan en los bazares colectivos; basta con tomarse la cuenta de la vida. Pero esta actitud requiere cierto esfuerzo, resolución valerosa. No muchos están dispuestos a tomarla y mantenerla. Más cómodo resulta descansar en las convicciones ya hechas y recibidas de fuera, dejarse vivir en la grey, arroparse en los abrigos construidos por otros, que hacerse uno mismo sinceramente su propia vida, grande o pequeña.

Por eso las formas de la vida privada no se viven sin esfuerzo y trabajo. La vida privada, que se alimenta de lo que no es común de todos, que se nutre del auténtico ser personal, no es algo que uno se encuentra así cómodamente, sin haberlo buscado. La vida privada hay que hacérsela, hay que conquistarla. No basta con existir para tenerla. No es fácil y llano vivir verdadera amistad, verdadero amor, verdadera soledad. No es cómodo y suave el despojarse de los andadores habituales, que la vida pública y colectiva nos ofrece gratis y en abundancia. Eso mismo que, allende lo que somos, quisiéramos ser, no se patentiza a nuestra propia conciencia sino después de penoso esfuerzo y trabajo de sincera confesión solitaria. Ya ese trabajo, que cuesta siempre la autenticidad, es al que muchos temen; y por eso muchos renuncian en verdad a ser, porque ni siquiera se atreven a ponerse en claro lo que quisieran ser y a escuchar la llamada de la propia vocación y a seguirla con fidelidad sumisa.

Por eso el trato y comercio privado entre personas contiene la fuente única de donde brota todo cambio creador en la historia humana. Si por una parte cultura es la solidificación, la mecanización de la vida, por otro lado también es el elemento creador que la vida saca siempre de sí, en esfuerzo original eternamente repristinado. En el seno de la vida íntima y personal es donde se halla ese elemento, esas matrices generadoras de la verdadera vitalidad.

La relación que llamamos privada, ese "conocerse" que es trato y comercio mutuo de alma a alma, esa compenetración o convivencia, puede desenvolverse en tres formas fundamentales: la *amistad*, el *amor* y la *soledad*. Cada una de ellas tiene su finalidad, su ejercicio y sus condiciones diferentes; porque cada una de ellas matiza de un modo particular el trato o convivencia mutuos, enderezándolo hacia objetivos distintos y sustentándolo sobre actividades diversas. Intentaremos someramente describir estas tres formas radicales de la vida privada.

La amistad no es sino secundariamente un sentimiento. Los sentimientos transcurren en el yo y de cara al yo, mientras que la amistad se orienta hacia el tú y consiste más en un hacer que en un sentir. Pero en la amistad –como en cualquier otra forma de vida privada– la acción es mutua y no se dirige a las cosas, sino a ese otro yo que llamamos el tú; es decir, establece una reciprocidad en el vivir. Por eso en la amistad cada uno de los dos amigos es a la vez sujeto y objeto; cada uno vive para el otro. Lo que de sentimiento tiene la amistad es, pues, como un regalo que sobreviene sin haberlo buscado. El amigo considera al amigo como un fin en sí mismo y lo que hace para el amigo, no lo hace por cálculo y en espera de la recompensa, sino de modo totalmente desinteresado. Ahora bien, como a su vez el otro amigo practica igual trato de desinteresada acción, resulta la amistad esencialmente recíproca y colma el alma con una suave ventura, una satisfacción tanto más plena, cuanto que no ha sido presupuesta ni preparada.

La amistad es, pues, una forma de vivir más que un sentimiento subjetivo. El matiz sentimental se añade pero no constituye ni la finalidad, ni el ejercicio, ni la condición de la relación amistosa. Por eso es tan difícil señalar causas a la amistad. No las tiene. Cuando Montaigne se pone a buscar los motivos de su amistad con La Boetie, fracasa en su esfuerzo y finalmente declara su fracaso, exclamando: *Parce que c'est lui, parce que c'est moi.* La amistad se inicia poco a poco, lentamente, sin causas, por una atracción constante que intensifica el trato, lo depura, lo limpia de todo egoísmo y acaba por vincular estrechamente las dos vidas en clara y serena colaboración vital. Cada uno de los dos amigos ayuda al otro en la empresa de vivir. Son dos vidas que se han acercado y paralelas transcurren, sosteniéndose una a otra. Pero no se confunden, ni pretenden confundirse, sino que ambas conservan íntegramente su peculiar y propio modo, su especial dedicación y empeño. Para cada uno de los dos amigos es incumbencia cordial y profunda el ayudar al otro a realizar su ser y esencia, a vivir su vida, pero sin intentar torcerla y cambiarla y desviarla por cauces impropios, distintos de los que el otro sueña para sí. A veces el amigo amonesta a su amigo; pero si la relación entre ambos es de auténtica amistad, esa admonición es suprema flor de delicadeza amistosa, pues se encamina con tierna dedicación a que la vida del amigo realice en verdad su ser propio y profundo.

Así, pues, la finalidad del trato amistoso es bien clara: consiste en una *colaboración vital*. La amistad quiere que el amigo siga en la vida las vías que le son propias; hace cuanto puede por que el amigo sea sí mismo, sea fiel a su singular destino y vocación. Para la amistad hay, por consiguiente, una condición inexcusable: el *respeto* mutuo de los amigos. No la cortesía, que es fórmula de despego, y tanto aleja de la amistad auténtica como posibilita su iniciación. El respeto de los amigos es la clara conciencia de ayudar cada uno al otro a cumplir su destino particular; es la voluntad de cada uno de tratar al otro como un fin en sí, poniéndose mutuamente al servicio uno del otro. Por eso el ejercicio específico de la amistad es, justamente, lo que llamamos la *confianza*. La confianza no consiste simplemente en esperar con fe el auxilio del otro, sino en saber a ciencia cierta que el otro espera y necesita nuestro auxilio. La confianza es activa tanto por lo menos como pasiva. Entre los amigos no hay secretos. Los amigos se lo dicen todo; no se ocultan nada. Ese mutuo compartir los más íntimos movimientos del alma, ésa es la confianza; en la cual y por la cual se realiza la amistad. Cada uno sabe que el otro espera de él esas revelaciones, esas intercomunicaciones de la confianza, como petición de auxilio para vivir su vida; por eso son amigos. Y aunque silenciosos caminen por la senda, sus almas se comprenden, se apoyan una en otra, para mejor realizar cada una lo que cada una ansía ser.

El amor

Más complicado resulta el análisis del amor como forma de la relación privada. En el amor entran elementos procedentes de lo que en nosotros es naturaleza, cuerpo, cosa. Entran también ingredientes sentimentales. Hay, pues, en el amor una componente esencial de egoísmo, que no existe en la amistad. Pero es un egoísmo de género muy particular y raro, un egoísmo, por decirlo así, de dos en uno. El amante se encuentra a sí mismo en el amado. Necesita del amado para ser quien es, para vivir su vida.

Dándose al amado, confundiéndose con él, es como el amante se descubre y afirma a sí mismo. El amor cae sobre el amante como una revelación de su propia persona. Dijérase que, merced al amor, el amante se da cuenta de pronto de que existe. Despierta, por decirlo así, de una especie de sonambulismo, en que hasta entonces hubiera vivido. Su alma adquiere entonces unas formas claras, precisas, luminosas; recibe también volumen y profundidad; hay desde entonces en ella planos distintos, regiones superficiales y regiones recónditas, cámaras y recámaras, jerarquía en las emociones y en los deseos. El amor organiza el alma; distribuye sus partes, confía a cada una misiones y funciones de importancia distinta; diversifica la vida interior y, al mismo tiempo, la unifica, puesto que jerarquiza sus actividades. Por otra parte, el amor, al encumbrar el sentimiento de la propia existencia, enriquece también el mundo exterior de nuestra vida. Para el enamorado el mundo adquiere una abundancia y variedad insospechadas. Y se comprende; porque si nuestra vida es, en efecto, la relación de un yo con un mundo, toda exaltación del yo ha de ser simultáneamente exaltación del mundo. Con delicadísima penetración lo advierte bien el poeta francés, que, para llorar su amor perdido, exclama: *Un seul être me manque, et tout est dépeuplé.*

Pero este egoísmo del amor, decimos, es de un género muy particular y raro; tanto que la palabra egoísmo, tomada en su sentido habitual, resulta casi impropia para designar este matiz. Ni remotamente se trata en el amor de someter una vida a otra vida. Pero tampoco es el amor, como la amistad, un paralelismo de dos vidas, en curso de mutuo auxilio, condicionado por el respeto y basado en la confianza. El amor es más bien una confluencia de dos vidas que se unen con el afán de fundirse, confundirse en una sola. El amor aspira a la más perfecta e integral compenetración de los amantes. En la amistad cada uno de los dos amigos es quien es; y cada uno ayuda al otro a realizar su ser. Pero en el amor el amante no puede ser quien es, si no es al mismo tiempo el amado; y recíprocamente. (La reciprocidad es siempre condición de toda forma de vida privada.) En la amistad se mantiene escrupulosa, respetuosamente la distinción entre el yo y el tú. El amor, por el contrario, aspira a borrar esa diferenciación, ese dualismo del yo y del tú y a fundir a los amantes en una absoluta identificación. Por eso en el amor no existe el respeto, puesto que, en principio, no existe la dualidad; cada uno se encuentra a sí mismo en el otro y el ser de cada uno consiste precisamente en ser el otro.

La finalidad del amor es, pues, la confusión completa de las dos vidas. Su condición no puede ser, como hemos visto, el respeto. ¿Cuál será entonces? No es fácil encontrar la palabra adecuada para designarla; porque la que suele emplearse es precisamente: amor. Con la palabra amor se significa, en efecto, comúnmente el sentimiento que empuja a los amantes a fundirse en un solo ser viviente. Pero este uso toma la parte por el todo. Porque el sentimiento no es el amor, sino la condición del amor. El amor es algo más que ese sentimiento, puesto que es una forma total de vida, que como la amistad, tiene su finalidad, su condición y su ejercicio. Necesitamos, pues, un vocablo que simbolice esa condición del trato amoroso, ese sentimiento peculiar que funde a los amantes. Propongo la palabra *dilección*. La dilección atrae invenciblemente a los amantes uno a otro con una intensidad tal, que no pueden el uno vivir sin el otro. Pero además de esa atracción invencible, hay en la dilección de los amantes un elemento esencial de totalidad y de exclusividad. La fusión de almas y vidas, que la dilección reclama imperativamente, es total y exclusiva. Total, porque quiere ser de todos los instantes, de todas las circunstancias, como de la materia toda. Es como una mutua absorción de las dos vidas; es una tan perfecta e integral compenetración, que en ella ha de desaparecer la dualidad de espacios y de tiempos, la distinción del yo y del tú. Toda divergencia, toda ausencia, toda separación es en el acto sentida como una trágica disminución del ser que se es, como una especie de muerte. Pero además de total –y por lo mismo que total– esa fusión quiere ser exclusiva. El resto del mundo no interesa a los amantes sino en tanto en cuanto converja a alimentar su amor, es decir, su perfecta comunidad vital. Por eso todo lo que distrae a los amantes de su amor paréceles al momento estorbo, obstáculo, motivo de queja y de dolor. Los celos –que son esenciales en el amor– tienen aquí su fundamento. Como la fusión de las vidas ha de ser total y exclusiva, todo cuanto le ponga trabas es sentido al instante como negación, es decir, como distracción, es decir, como traición. El amante tiene celos de todo, de las cosas y de las personas, de las circunstancias y aun de los pensamientos. Por eso el amante está siempre inquieto y temeroso de ver quebrantarse una unión tan exclusiva y completa, tan delicada e inestable. He aquí el inextinguible germen de tragedia que en todo amor reside.

Tenemos ya señaladas la finalidad y la condición del amor. Fáltanos ahora indicar su ejercicio. Este se simboliza perfectamente en una palabra: *confidencia*. La confidencia es en el amor lo que la confianza es en la amistad. Tanto la confidencia como la confianza implican revelación completa y mutua del alma. Pero en el amor el trato se encamina a la unificación, a la supresión de la dualidad; mientras que en la amistad, por el contrario, tiende al mantenimiento y desarrollo del ser que cada amigo es. Esto explica la diferencia de cualidad que existe entre la confianza y la confidencia. Esta es más bien pasiva que activa; aquélla es más bien activa que pasiva. La confidencia consiste en una apertura total del alma del amante al alma del amado. El amante vive con el amado, es decir, funde su vida con la del amado, en una sola; no hay, pues, propiamente (en principio) transmisión de pensamientos y sentimientos del amante al amado, sino un solo acto de pensar y de sentir común. Los amantes no se dicen nada, no se dan a conocer el uno al otro, sino que son y viven uno en otro. Este hacerse patentes y transparentes uno a otro es la confidencia. En cambio la confianza de los amigos consiste más en acción recíproca que en pasión común. Tener el amigo confianza en el amigo significa propiamente que el uno y el otro se saben acreedores y deudores. El respeto mutuo que condiciona la amistad, cualifica de confianza la relación amistosa; porque cada uno de los amigos fía en que el otro, sin dejar de ser quien es, ha de colaborar activamente a su vida. Pero en el amor, la dilección imprime al trato el matiz peculiar de la confidencia; el amado es el dilecto, es decir, aquel sin el cual el amante no puede ser quien es. Los amantes no se son ni deudores ni acreedores; están simplemente el uno en el otro; sus confidencias no son comunicaciones que intercambian, sino actos de vida común. Los amigos se escancian el vino uno a otro; y cada cual lo bebe en su copa. Los amantes, empero, sacian su sed los dos en el mismo vaso.

¿Quién no advierte en seguida el elemento radical de tragedia que existe irremediablemente en todo amor? La amistad es una forma de vida que escasea, sin duda, pero que en principio puede realizarse. El amor, en cambio, pretende un imposible; y lleva en su seno un germen inextinguible de dolor y de tragedia. Porque esa confusión total y exclusiva entre los amantes es algo que contradice en su raíz misma la esencia de la vida. La vida es individual y la persona impenetrable. Y esa superación de la dualidad yo-tú, con que sueñan los amantes, dirige, sin duda, los afanes y da sentido a las dilecciones; pero constituye un fin que la condición de la vida humana no puede de ningún modo lograr. El amor, como forma de vida, es algo que los amantes quieren, pero que nunca obtienen. Siempre les parece poca la compenetración; siempre se les antoja incierta e insuficiente la identificación. En todo amor existe un fondo de inquietud, de duda, de angustia. Aun en los momentos de más profunda satisfacción y paz, siempre el alma del enamorado está como alerta, espiando con ansiedad los instantes, oscilando entre la certidumbre que no acaba de arraigar plenamente y la duda que jamás se desvanece por completo. La conclusión consecuente del amor auténtico debería ser, pues, el suicidio común –único modo de lograr en la nada de la muerte esa absoluta fusión, imposible en la vida–. Por eso el auténtico amor es muy rara vez sentido, nunca vivido con plenitud y siempre, irremediablemente, trágico.

El amante no se sacia jamás de comprobar si es amado. Su pregunta, constantemente repetida, obtiene una y otra vez la misma respuesta; y, sin embargo, la renueva y repite una y otra vez. ¿Por qué? Porque en el fondo de la reiterada interrogación late una inquietud, una angustia inextinguibles. El amante tiene la intuición trágica de que lo que pretende es un sueño irrealizable; tan pronto como cree estar llegando a la perfecta unión con el amado, surge siempre en el ápice de su alma un punto de duda y de incertidumbre. ¿Será verdad? Sí; no. Deshojar la margarita es la siempre trágica ocupación con que embotan sus anhelos los auténticos enamorados.

El amante no está nunca satisfecho ni de sí mismo ni del amado. Siempre cree dar menos de lo que el dilecto merece; y, recíprocamente, siempre cree recibir menos de lo que merece su dilección. Esa insatisfacción aumenta además cuando nota (o cree notar) que el amado, como es consiguiente, la siente a su vez. Pero aumenta todavía más si nota (o cree notar) que el amado no la siente, porque entonces propende a considerar esa falta como una prueba de desamor. En suma, que en todo caso, el alma de los amantes hállase siempre minada por un conflicto interior inaplacable; la sensación de estar en deuda para con el amado alterna de continuo con la de merecer más de lo que recibe; las exculpaciones suceden a los reproches; y una perpetua serie de discordias, seguidas regularmente de otras tantas exquisitas concordias, constituye la constante peripecia en las confidencias del amor. Los amantes, que anhelan fundir sus almas, luchan contra un imposible y sufren en esa lucha perpetua la deliciosa ansiedad de una compenetración continuamente amenazada.

Por eso la dialéctica y la lógica del amor ofrecen formas tan extrañas y complicadas. La sutileza de los amantes para analizar e interpretar sus mutuos hechos, dichos y pensamientos, no tiene igual en ninguna otra actividad de la vida. La base fundamental de que deriva ese enmarañado conceptualismo, pudiera acaso definirse señalando su doble origen, que sería el siguiente: por una parte, la aspiración a confundir sus almas en una sola, es tomada como una realidad lograda y sirve de premisa a toda una serie de deducciones lógicas; pero, por otra parte, el sentimiento inequívoco de que esa confusión de las almas existe sólo como una aspiración, pero sin realidad lograda, sirve también de fundamento a otra serie de deducciones lógicas no menos concluyentes. Ahora bien, las dos series se mezclan y entrecruzan en la complicada y sutilísima argumentación de los amantes, de suerte que, sin creer que cometen sofisma, los amantes pasan de una a otra continuamente. Por ejemplo: el amante se ofende de que una mentira dicha por él sea creída por el amado. Esto es una inconsecuencia notoria; y, sin embargo, resulta "lógico" en la dialéctica de los enamorados. En efecto, el principio en que "lógicamente" se basa su argumentación es el de la absoluta identidad de las almas; y si las almas están realmente fundidas, el amado no ha podido, no ha debido creer lo que el amante dijo, cuando mintió. ¿Es así que lo ha creído? Luego ello demuestra que no está completamente identificado con el amante, que ha habido separación; es decir, distracción; es decir, traición. Y vienen los reproches, las exigencias, las recriminaciones, seguidas, empero, por la peripecia constante de la reconciliación, de la restauración de ambos en la feliz creencia de su completa identidad vital.

Hay, pues, en el amor algo de lucha; una lucha paradójica, en la que los amantes son a un mismo tiempo enemigos y aliados. Enemigos, por cuanto que el objetivo de cada uno es forzar el reducto de la personalidad del otro. Aliados, por cuanto que el otro está no sólo dispuesto, sino deseoso de que el reducto de su personalidad sea forzado. Pero ello es "realmente" imposible, porque la individualidad viviente es impenetrable. Los amantes chocan de continuo; precisamente porque quieren fundirse en un solo ser. Los amantes no pueden vivir –ser– el uno *sin* el otro; pero tampoco pueden vivir el uno *con* el otro, en ese género de identificación que el amor postula. He aquí la tragedia radical que palpita en todo amor. He aquí el sentimiento cósmico de fatalidad, de hechizo, de sino, que, en una u otra forma, sobrecoge siempre a los amantes.

LA SOLEDAD

La soledad es la forma más perfecta de la vida privada. Tiene como fin la *salvación*; su condición es el *ensimismamiento*; y su ejercicio, la *confesión*.

La soledad no consiste en quedarse solo. Consiste en permanecer solo. Hay una soledad pasiva: la que sobreviene casualmente, cuando el mundo social nos abandona. Hay una soledad activa: la que nosotros mismos nos creamos, abandonando el mundo social. La soledad pasiva sorprende al hombre y le sobrecoge; le entrega a sí mismo; le deja solo consigo, atenido a sí y habiendo de vivir por sí, sumergido en la angustia del no saber qué hacer. ¡Situación tremenda, intolerable! La nada está ahí, inminente y positiva, infinita y palpable. Nuestra vida, suspensa sobre ese abismo primario, pide auxilio, busca apoyo, clama por un ser, algo, alguien, a quien asirse para seguir existiendo. En estos momentos se revela claramente que la convivencia nos es indispensable, que nuestra vida, para vivir, necesita apoyarse en otras vidas. Ahora bien, estas otras vidas no entran "directamente" en contacto con la nuestra, sino "indirectamente", mediante el trato o comercio mutuo; el cual puede ser, como hemos visto, privado –cuando la auténtica personalidad entra en el juego– o público cuando en la relación sólo participan los elementos externos, comunes de muchos, esa realidad social –tan real como la física, pero de otro orden– que la vida colectiva segrega.

Pero si la convivencia es necesaria para la vida –para cada vida– también la originalidad de cada vida requiere que la persona sepa de sí y se conozca a sí misma. Lo que llamamos soledad activa no es temible ni angustiosa, sino, por el contrario, fecunda y plena. Es lo contrario de la soledad pasiva. Es la que nosotros mismos buscamos y procuramos, precisamente para escuchar nuestro propio corazón, para conocernos a nosotros mismos, para descubrir nuestro auténtico ser, el ser que, al vivir, nos proponemos realizar. Esta soledad activa (o simplemente la soledad) interrumpe nuestra vida de relación justamente para remozarla y refrescarla en las fuentes primarias de la persona viviente. Su condición esencial es el *ensimismamiento*. La soledad pasiva, la que sobreviene a pesar nuestro, aterra el alma porque la pone frente a la nada. Pero la soledad activa, la que nosotros mismos nos proporcionamos, coloca al alma frente al ser. El ensimismamiento es el descenso dentro del alma, la exploración en busca de nuestro auténtico ser, o, como se dice en los finos términos de la religión, el examen de conciencia. Divídese en dos momentos. El primero, es el repaso de nuestra personalidad vital presente y pasada; es el momento de la objetividad, cuando nos consideramos a nosotros mismos, nuestra vida propia, como algo que existe ya en el mundo, como una realidad objetiva. Pero esta objetividad es muy particular y en cierto modo única; es una objetividad, por decirlo así, interna, inaccesible a otros cualesquiera que no seamos nosotros mismos. El segundo momento es la confrontación de esa nuestra personalidad objetiva con la personalidad propuesta, con la persona que quisiéramos haber sido y ser. Los dos momentos no son estrictamente sucesivos, sino más bien siempre simultáneos. En el ensimismamiento hacemos balance de nuestra vida hecha y al mismo tiempo componemos una vez más –mil veces más– el programa de nuestra vida por hacer. Por eso en la soledad recobramos, por decirlo así, fuerzas vitales, porque reavivamos nuestra ilusión al mismo tiempo que percibimos melancólicamente lo que en toda vida hay de íntimo fracaso. Esta confrontación entre la vida vivida y la vida proyectada nos pone en presencia absoluta de nuestra persona auténtica. Por eso decía que la soledad es la forma más perfecta de la vida privada. En la soledad, el acto del ensimismamiento nos sustrae totalmente a lo ajeno, a las convicciones y realidades sociales, comunes, y nos devuelve a puro yo.

El ejercicio propio de la soledad es, pues, la *confesión*. En la soledad descubrimos lo que somos y quiénes somos, porque confrontamos lo que hemos hecho con lo que quisimos y queremos hacer. La disconformidad entre la vida vivida y la vida proyectada constituye el *pecado*. El pecado es la traición que cometemos a nuestro ser auténtico. Mas para tener conciencia del pecado es preciso adquirir conciencia del ser que somos –en ambos sentidos de la palabra: el que ahora somos y el que queremos ser. Para ello sirve el ensimismamiento en la soledad. Y el ejercicio, la práctica, por decirlo así, de la soledad consiste en ese decirse uno a sí mismo lo que es y lo que quiere ser: en la confesión. Ahora se comprende con claridad la diferencia que existe entre los tres ejercicios de la confianza, la confidencia y la confesión, que son las tres actualizaciones de la amistad, el amor y la soledad. Las tres consisten en una revelación del alma; pero en la confianza el amigo hace al amigo la revelación de su alma para recibir apoyo y auxilio en la obra de su vida; en la confidencia el amante hace al amado la revelación de su alma para fundir y confundir las dos vidas en una sola; y en la confesión el solitario se hace a sí mismo revelación de su alma para dirigir su vida por el camino de la salvación.

Porque en efecto, el fin de la soledad es propiamente la *salvación*. El concepto de salvación implica, sin duda, la idea de peligro y la consiguiente superación de ese peligro. Salvarse es, pues, salvarse *de algo*. ¿De qué? Aquí tocamos a temas profundos y vastos. Sólo podemos dedi-carles algunas insinuaciones. Nuestra vida humana se diferencia radicalmente de la animal en que la vida del hombre se la hace el hombre mismo, mientras que la vida animal es obra de la naturaleza. La vida del hombre se crea a sí misma; es labor del propio yo, de la persona. El hombre vive, en el pleno sentido de esta palabra; es dueño, o mejor dicho, autor de su propio destino; es libre. En cambio, el vivir animal es fundamentalmente pasivo; constituye la resultante de acciones naturales; en el animal se realiza un ser cuya esencia está prefijada, predetermi-nada. Esta diferencia podría expresarse diciendo que el hombre vive mientras que el animal es vivido. También –y mejor aún– podría expresarse diciendo que el animal es naturaleza, mientras que el hombre es cultura (cultivo de sí mismo, ejecución de una esencia no prefijada por leyes naturales). Pues bien; la salvación es justamente la supe-ración de la naturaleza en nosotros y fuera de nosotros. El peligro, cuya idea va implicada en el concepto de salva-ción; ese peligro del cual la salvación nos salva, es el peli-gro de "ser naturaleza". El hombre se salva de ser natura-leza, de ser cosa, haciéndose persona, es decir, haciéndo-se por sí mismo su propio ser y esencia, en vez de ejecu-tar, como el animal, un tipo de ser y esencia común, natu-ral y general. Este esfuerzo por realizar sobre y con la naturaleza una esencia original, nueva, superior e irre-ductible a lo natural, constituye lo que llamamos *cultura*.

Pero hay dos modos de salvación humana. Uno inferior y otro superior. El primero consiste en la acción colectiva de un grupo de hombres que conviven para salvarse, es decir, para no ser naturaleza, para hacerse un modo de vida propio, una cultura. Este primer modo de salvación forma para cada uno de nosotros la base indispensable; con él advenimos al mundo de lo humano y somos hombres, es decir, algo más que mera naturaleza. Eso que llamamos educación consiste en nuestra incorporación individual al mundo y cultura de un tiempo y de un lugar en la historia. Pero además de esa accesión a la cultura de nuestro tiempo y lugar; además de esa primera salvación, que nos introduce en la nueva dimensión de lo humano, de lo no-natural, hay una segunda y superior salvación que es la nuestra, la propia e individualísima. En efecto, la cultura colectiva en que vivimos se construye como una especie de segunda naturaleza. Es, sin duda, salvación, superación de la naturaleza; pero para mantenerse y mantenernos colectivamente ha tenido, por decirlo así, que anquilosarse, convertirse en cosa, en substantivo común. Constituye, pues, para cada uno la base sobre la cual cada uno ha de trenzar la labor de su propia y original esencia y ha de ser quien es. He aquí la segunda salvación, la individual, la auténtica y suprema. La palabra: hombre, contiene un infinito de sentidos posibles. Cada época y lugar realizan, más o menos perfectamente, uno de esos sentidos posibles. Pero lo realizan típica, genéricamente. Cada

61

individuo medio representa ese tipo de humanidad deseado en su tiempo y lugar. Pero dentro de esa esencia histórica del hombre en un tiempo y lugar determinados –esencia que necesariamente se halla en todos y cada uno de los convivientes– hay también un infinito de posibles variedades originales. Cada individuo realiza más o menos perfectamente una de esas infinitas variedades posibles. Y la salvación individual consiste precisamente en eso: en cumplir cada cual la línea de su destino auténtico, en ser quien radicalmente es, en seguir la llamada de su vocación profunda y ser fiel a su propia esencia, sobre la plataforma de la cultura en que ha crecido.

A la salvación sirve por modo eminente la soledad, cuyo ejercicio es la confesión y cuya condición es el ensimismamiento. La soledad activa, la que buscamos precisamente para salvarnos, para ser quienes de verdad somos, nos coloca inmediatamente en presencia de nuestra persona. En la soledad culmina la forma de vida que hemos llamado privada; porque en ella desaparece toda naturaleza, todo lo estático, lo mecánico, incluso esa segunda seudonaturaleza de lo social y colectivo, y nos descubrimos como lo que en último término somos: pura potencia de ser, pura actividad creadora, pura libertad.

Entre los dos polos de la publicidad absoluta y de la absoluta soledad, oscila, como hemos visto, nuestra vida. De suerte que cada individuo, como cada época, podrían muy bien definirse y caracterizarse según la proporción con que mezclan lo público y lo privado en su vida. Hay personas que viven casi totalmente en lo público; no tienen apenas vida privada; no tienen apenas personalidad propia; se alimentan de tópicos sociales, incluso en la soledad –de que consecuentemente huyen. Otras personas, por el contrario, recatan su ser íntimo, descubriéndolo tan sólo a muy pocos amigos, al amante, a sí mismos en la confesión solitaria. De igual manera sucede en la historia; existen épocas en donde la vida privada predomina, o por lo menos, se afirma con lozana energía. Otras épocas, en cambio, presencian una invasión de lo público en la vida privada, la cual entonces se debilita, reduce y refugia en muy pocos y muy pocas relaciones. Nuestro tiempo presente parece ser una de esas épocas en que lo público –lo común y colectivo, lo típico de la masa– se infiltra en *toda* la vida y anula o casi anula la forma privada del vivir. Sería interesante estudiar esos avances o invasiones de lo público en las relaciones privadas. ¿Qué efectos produce la creciente publificación en las formas de la vida privada? Aventuraré con toda brevedad algunas consideraciones sobre este sugestivo tema.

Los efectos de la publicidad sobre la vida privada pueden, según creo, dividirse en dos grupos. Cuando la publicidad invade relaciones que son privadas por esencia, es decir, que no pueden por menos de ser privadas, las *falsifica*. Cuando la publicidad invade relaciones que son privadas de hecho, pero no por esencia, entonces las rompe y anula, convirtiéndolas en públicas. Hay, en efecto, relaciones como la amistad, el amor, la soledad, que no pueden por menos de ser privadas; son privadas por esencia, puesto que en ellas tiene que entrar indefectiblemente la plena y auténtica personalidad. Estas relaciones, no puede la publicidad anularlas, ni quebrantarlas. Pero puede infiltrarles el veneno de la falsificación. Esas relaciones subsistirán entonces, pero falsificadas, inauténticas, carcomidas por un íntimo engaño. Hay otras relaciones que son privadas, pero en las cuales la personalidad interna no entra en juego por necesidad esencial; el efecto que sobre éstas produce la publificación es entonces sencillamente el de excluir esa intervención de la personalidad y convertirlas en simple trato público. Muy interesante sería el estudio detenido de las relaciones antaño privadas, que la publicidad creciente de nuestro tiempo ha ido suprimiendo y convirtiendo en públicas. Con extremada brevedad señalaremos algunas que se destacan particularmente notorias. La mecanización completa de la industria ha estandarizado los objetos con que convivimos: trajes, muebles, libros, telas, imponiendo un tipo general que, para serlo, ha tenido que prescindir de toda accidentalidad peculiar y reducirse a la desnudez del esquema formal indispensable y común a todos. Ello tiene por consecuencia ineludible la estandardización también de los gustos y preferencias individuales. Tipificado el objeto, hase tipificado también la persona que lo usa. En este caso, la publicidad ha entrado en lo privado, haciéndolo estallar o metiendo en el hogar propio la plaza pública. Pero hay otro caso en que la publificación se verifica a la inversa, sacando lo privado de su recinto y recato para trasladarlo a la plaza pública. Tal sucede con el arte y con la vida llamada de sociedad. El museo es un ejemplo elocuente de publificación. Una porción de objetos, obras de arte, cuadros, estatuas, que tuvieron en principio su dueño, su persona, su recinto propio, que constituyeron antaño el ámbito peculiar de un ser viviente, quedan ahora expuestos a la mirada de todos, es decir, de nadie, quedan despersonalizados, descoyuntados de la vida auténtica. Los artistas ya no trabajan para una persona, sino para "cualquiera", y ofrecen en pública exposición sus obras para que las compre "cualquiera". Los músicos ya no ejecutan sus obras en la intimidad de un salón o de una corte, sino en inmensos *halls* de conciertos, adonde la masa acude imponiendo sus gustos mediocres y vulgares. Las diversiones sociales ya no se recatan en las salas o tertulias de las casas particulares, sino que se derraman públicamente en los grandes hoteles, en los salones de té, en los *dancings*, en los cafés. Y hasta se omite el símbolo de la presentación, que hoy es innecesaria ya para que un joven saque a bailar a una señorita. Innumerables actos y relaciones, que antes se verificaban en la clausura de lo privado, han sido, pues, trasladados al aire libre de lo público, es decir, han sido anulados como tales actos y relaciones de la vida privada.

Tres ejemplos muy característicos añadiré de esta conversión de relaciones privadas en públicas. El primero es la relación del patrono con el obrero. La evolución económica y social, que se comprende bajo el nombre de capitalismo, ha publificado este vínculo hasta convertirlo en mero contrato legal, en simple relación anónima. Es interesante en esto la evolución psíquica que ha sustituido a los viejos términos de oficial, maestro, aprendiz y aun obrero, el término típicamente "público" de proletario. –El segundo ejemplo, que es un caso particular del anterior, se refiere a la relación doméstica, empezando por la de los sirvientes con sus señores y acabando por la relación familiar entre padres, hijos y hermanos. Estas relaciones son ya "públicas" en algunos países y comienzan a serlo incluso en el nuestro. No creo que sea exagerado decir que, en las relaciones del hogar familiar, la publicidad está rápidamente eliminando la vinculación auténticamente personal y sustituyéndola por un ligamen de tipo más bien jurídico que viviente. –Por último, el tercer ejemplo que quería aducir es el de la relación entre maestro y discípulo. Esta relación se ha convertido ya desde hace tiempo en un vínculo superficial, profesional y "público". Entre el maestro y el discípulo no existe ya ese trato de mutuo "conocerse", en que consiste esencialmente la vida privada. Empezó por la colectivización de la enseñanza. Y poco a poco el oleaje multitudinario ha ido también aquí desbordando los cauces de la convivencia integral, para reducir el contacto a la pura transmisión del saber objetivo, sin la más mínima compenetración de almas –salvo excepciones sumamente raras, en donde la relación pierde más bien todo matiz magistral y desemboca francamente en la amistad–.

La amistad, el amor y la soledad, formas radicales de la vida privada, no pueden ser suprimidas por la invasión de lo público. Pero pueden ser, en cambio, falseadas en su íntima estructura. Conservarán el mismo aspecto y apariencia; pero su meollo ya no será la auténtica inserción de las almas en el vínculo. No podemos extendernos en el análisis minucioso de esas mendaces formas de amistad, amor y soledad. Nos contentaremos con nombrar las alteraciones, que la falsificación subrepticiamente introduce en sus fines, sus condiciones y su ejercicio. El fin de la amistad, que es la colaboración vital de dos personas libres, se falsifica convirtiéndose en tácito contrato; la confianza se transforma en mueca audaz que mal encubre la exigencia; el respeto se torna disfraz de la adulación, y la amistad en conjunto se hace "política". El fin del amor, que es la fusión de dos vidas en una sola, se falsifica convirtiéndose en velo que oculta el afán de deleite; la confidencia se transforma en cinismo y la dilección en máscara del capricho; y el amor en conjunto se hace "erotismo". El fin de la soledad, que es la salvación, la realización del yo auténtico, se falsifica convirtiéndose en obstinación vana; la confesión se transforma en despecho y el ensimismamiento en resentimiento; y así la falsificación de la soledad es el "aislamiento".

*

Terminamos. Las consecuencias que pueden derivarse de esta rápida consideración sobre la vida privada son numerosas e importantes. Queden reservadas a otros trabajos ulteriores. Señalaremos tan sólo el error de perspectiva que cometería quien juzgase de la vitalidad de una cultura por sus aspectos exteriores. La fuente creadora de la cultura humana hállase en el individuo viviente, en la soledad personal, en la vida privada. Las relaciones públicas son siempre relaciones de cosas y con cosas; son "naturaleza" o quasi naturaleza, es decir, algo que debe ser superado, so pena de estancamiento, que es siempre decadencia. El predominio de lo público, de lo común, de la masa, significa predominio del obstáculo y retardamiento de la salvación. Y de nada sirven quejumbres sobre desigualdades y encendidas apelaciones a la justicia universal. Precisamente la ocupación política, que embarga harto exclusivamente al hombre de hoy, es síntoma inequívoco de un estado de ánimo bien peligroso: el ánimo de quienes lo esperan todo de fuera, en vez de querer vigorosamente una clara trayectoria personal. Pero lo colectivo, lo social, lo político, lo de todos y de nadie, lo público en suma, no puede nunca ser fin en sí de nuestra actividad, sino sólo el medio y la base sobre la cual se alcen las vidas reales, que son las vidas individuales de cada uno. Cuando los hombres se cansen de vivir extravertidos y empiecen a reponer la publicidad al servicio de la vida privada, habrá empezado verdaderamente un período nuevo en nuestra historia.

www.sequitur.es